DER NEUE MERKURSTAB

DIE APOKALYPSE DER NEUEN ZEIT V

FÜNFTE AQUARIUS-ERNEUERUNGSKONFERENZ,
TOULOUSE 1967

VON

CATHAROSE DE PETRI

UND

J. VAN RIJCKENBORGH

ZWEITE, ÜBERARBEITETE AUSGABE

1991

ROZEKRUIS PERS – HAARLEM – NIEDERLANDE

Aus dem Niederländischen übersetzt
Ursprünglicher Titel:
De nieuwe Mercuriusstaf
De Apocalyps van de nieuwe tijd V

Internationale Schule des Goldenen Rosenkreuzes
Lectorium Rosicrucianum
Hauptsitz: Bakenessergracht 11-15, Haarlem, Niederlande

ISBN 90 6732 061 7
© 1991 Rozekruis Pers, Haarlem, Niederlande

INHALT

Vorwort 7

I Die Serpentarius- und Cygnus-Einflüsse 9

II Das neue astrale Fluidum und seine Auswirkung 20

III Die sieben göttlichen Lichtströme 29

IV Die kommende interkosmische Revolution 40

V Das Zeugnis der Confessio Fraternitatis R.C. 50

VORWORT

Zur weiteren Durchführung unseres im Jahre 1963 gefaßten Entschlusses, eine siebenfache Reihe *Die Apokalypse der neuen Zeit* zu veröffentlichen, und zwar entsprechend den jährlich abzuhaltenden insgesamt sieben Aquarius-Konferenzen*, erscheint hiermit der gesamte Stoff unserer fünften Aquarius-Konferenz, die im Juli 1967 in Toulouse (Frankreich) stattfand.

Der Inhalt bedarf für den suchenden Menschen kaum einer Erklärung. Die Entwicklung der Welt und der Menschheit, die wir bereits vor Jahren ankündigten und auf die unsere Ausgaben mit großem Nachdruck hinweisen, wird jetzt unaufhaltsam Wirklichkeit. Sie beweist in stets überzeugenderem Maß die Not der Unheiligkeit, in die sich der Mensch durch Verblendung oder durch Mangel an wahrer Kenntnis selbst gebracht hat.

Auch dieser Teil der Reihe weist im Zusammenhang mit der rasend schnell fortschreitenden Entwicklung der Welt- und Menschheitskrise hin auf das, was kommt und auf den einen Weg zur Errettung. Mögen in dieser wachsenden Bedrängnis unserer so gefahrvollen Zeit die Augen vieler noch rechtzeitig geöffnet werden, damit sie die Möglichkeiten für einen befreienden Aufgang, die ebenfalls in der Apokalypse unserer Tage enthalten sind, noch ergreifen können.

Catharose de Petri

J. van Rijckenborgh

---

* Durch den Tod J. van Rijckenborghs im Jahr 1968 fanden die letzten beiden der vorgesehenen Konferenzen nicht mehr statt.

I

DIE SERPENTARIUS- UND CYGNUS-EINFLÜSSE

Eröffnungswort

Wir möchten diesen Tempeldienst mit den Worten eröffnen, die oft von dem verstorbenen Herrn A. Gadal niedergeschrieben und ausgesprochen wurden: »Brüder und Schwestern, der schöne Trost von Bethlehem werde über Sie alle ausgegossen.« Amen.

Wir lesen in dem Buch *Auf dem Weg zum Heiligen Gral* von A. Gadal:
»Wenn ich dessen würdig bin, bin ich selbst der vernünftige Tempel Gottes. Jesus Christus, sein Sohn, ist das lebende Ebenbild seiner lebenden Majestät. Eine von der Wahrheit belehrte Seele ist sein Altar. Die Ehrenbezeigungen, die ihm erwiesen, und die Opfer, die ihm gebracht werden müssen, bestehen allein aus einfachen und reinen Gebeten«. Amen.

»O Christus, o göttlicher Meister, ich habe die drei Elemente der Vollkommenheit bewahrt:
die Reinheit meiner Hände,
die Reinheit meines Mundes,
die Reinheit meines Herzens.« Amen, ja, Amen.

Ritus

Wir lesen Ihnen aus der Genesis, Kapitel 31, die Verse 44-51 vor:

»Laban sagte zu Jakob: So komm nun und laß uns einen Bund machen, ich und du, der ein Zeugnis sei zwischen dir und mir. Da nahm Jakob einen Stein und richtete ihn auf zu einem Mal und sprach zu seinen Brüdern: Leset Steine auf! Und sie nahmen Steine und machten einen Haufen und aßen auf dem Haufen. Laban hieß ihn mit dem [chaldäischen] Namen *Jegar-Saha-dutha* [Haufe des Zeugen]; Jakob mit dem [hebräischen] Namen *Gal-Ed*, jeder nach seiner Sprache. Da sprach Laban: Der Haufe sei heute Zeuge zwischen dir und mir, daher heißt man ihn *Gal-Ed*, das bedeutet: Haufe des Zeugen. Und er fügte hinzu: Damit der Herr uns ansehe und richte, wenn wir voneinander gehen werden. Und er sprach weiter zu Jakob: Das ist der Haufe und das ist das Mal, aufgerichtet zwischen dir und mir. Derselbe Haufe sei Zeuge.« Amen.

Mit dem Zitat aus dem Kapitel 31 der Genesis hoffen wir den Kernpunkt der Konzentration gefunden zu haben, damit die Arbeit, die in dieser fünften Aquarius-Konferenz mit den Schülern des Lectorium Rosicrucianum verrichtet werden muß, gelingt. Der Stein des Zeugnisses wurde auch von der jungen gnostischen Bruderschaft gesetzt, und zwar am 5. Mai des Jahres 1957 im Tal der Ariège zu Ussat-les-Bains (Frankreich). Damit wurde vor zehn Jahren der große Bund zwischen dem Lectorium Rosicrucianum und allen Vorangegangenen der großen Bruderschaftskette geschlossen. Die junge gnostische Bruderschaft hat bis zu diesem Augenblick, quer über alle Schranken hinweg, ihre Treue Christus und seiner Bruderschaftskette gegenüber bewiesen. Wir sind denn auch von großer Dankbarkeit Gott gegenüber erfüllt, dessen Macht und Kraft sich in der Bruderschaft des Lebens, der Geistesschule der jungen Gnosis und ihrer Schülerschar offenbaren, daß diese fünfte Aquarius-Konferenz möglich geworden ist.

Ebenso wie damals die Perfekten, die Vollkommenen der gnostischen Bruderschaftskette aller Zeiten, den Prozeß der Befreiung durchleben und durchkämpfen mußten, so muß es ebenfalls heute jeder ernsthafte Schüler des Lectorium Rosicrucianum.

Eine enorme Aktivität hat sich in den vergangenen Monaten unter den mitarbeitenden Schülern der Geistesschule offenbart, sowohl auf geistigem als auch auf stofflichem Gebiet, als Vorbereitung auf das, was in dieser fünften Aquarius-Konferenz des Jahres 1967 in der Stadt Toulouse geschehen wird.

Der neue Himmel und die neue Erde werden sich offenbaren, und zwar nicht nur für die Vollkommenen, sondern für alle, die der Gnosis angehören wollen. Wenn die junge gnostische Bruderschaft durch ihre Arbeit und Anstrengung dazu beitragen darf, dann ist die Arbeit der wahrlich Lebenden erneut vollbracht. Und wer dieses bezeugt, sagt von innen her und vollkommen: »Ja! Amen«.

So ist dann das Vorwort zum großen Buch der jungen Gnosis geschrieben. Diese Seite wird nun umgeschlagen, und wir beginnen, so Gott will, in diesem Augenblick gemeinsam mit einer völlig neuen Seite, in dem festen Entschluß:
Gott,
der Bruderschaft des Lebens,
der jungen gnostischen Bruderschaft,
die sich durch das Lectorium Rosicrucianum offenbart,
treu zu sein, bis einst das große Mal, das Zeichen des Zeugnis-

ses in jedem von uns aufgerichtet sein wird. Dann wird die Erfüllung alles dessen, was in dieser fünften Aquarius-Konferenz in Süd-Frankreich im Jahr 1967 besprochen wurde, wieder einmal eine kraftvoll wirkende Tatsache sein. Amen.

Erste Ansprache

Wir möchten in dieser fünften Aquarius-Konferenz damit beginnen zu wiederholen, was wir während der letzten Monate in unseren Ansprachen bereits mehrfach gesagt haben, daß nämlich verschiedene elektro-magnetische Kräfte und Ströme, die aus dem Raum kommen, sich in den nächstliegenden Gebieten unseres Planeten ansammeln und bereits mit dem magnetischen Feld unserer Erde in Verbindung getreten sind. Diese Situation hat eine sehr kritische Phase erreicht. Daher können wir es absolut nicht unterlassen, erneut Ihre Aufmerksamkeit darauf zu lenken. Wir wollen diese Warnung jetzt auch mit einer Bekanntmachung verbinden, die uns bereits in der *Confessio Fraternitatis der Bruderschaft des Rosenkreuzes* anno 1615 übermittelt wurde:

«Um seinen Willen kundzutun, hat Gott schon Boten vorausgesandt, nämlich Sterne, die in Serpentarius und Cygnus erschienen sind, und die wahrlich als große Zeichen seines erhabenen Ratschlusses soviel lehren können, wie es in Verbindung mit den Entdeckungen des menschlichen Geistes seiner verborgenen Schrift dienen sollte, damit das Buch der Natur wenigstens vor aller Augen aufgeschlagen und enthüllt wird, obwohl nur wenige es überhaupt lesen oder begreifen können.»

Wenn Sie die Absicht dieser Mitteilung der Brüder des Rosenkreuzes vollständig verstehen könnten, würden Sie wissen, daß diese Bruderschaft dem wissenschaftlichen Stand der Besten unserer heutigen Menschheit um mindestens einige hundert Jahre vorausgeeilt ist und sich außerdem Vermögen angeeignet hat, die über alle bekannten menschlichen Vermögen weit hinausgehen.

Die Verfasser der *Confessio Fraternitatis R.C.* teilten uns bereits im Kapitel 8 dieser Schrift mit, sicher zu wissen, daß das, was sie noch geheimhalten mußten oder höchstens in einer äußerst verschleierten Weise mitteilen konnten, innerhalb kurzer Zeit, die sich mit raschen Schritten nähert, schließlich für die gesamte Welt ausgesprochen wird, nachdem die Welt den Rausch aus ihrem vergifteten, betäubenden Becher ausgeschlafen haben wird...

Was haben diese Worte zu bedeuten? Als moderne Menschen wissen wir, daß Serpentarius und Cygnus zwei Nebelflecken-Systeme sind. Sie sind für unsere Begriffe unvorstellbar groß und bewegen sich mit einer ebenfalls unvorstellbar großen Geschwindigkeit durch die Urmaterie, als große Reiniger und göttliche Korrektoren der Beschädigungen in der Alloffenbarung. Jedenfalls ist das eine ihrer Funktionen.

Über die Aufgaben der Systeme Serpentarius und Cygnus waren die klassischen Rosenkreuzer vollkommen unterrichtet. Sie wußten auch, daß die Menschheit an das Ende ihrer Reise durch die Todesnatur gekommen und der Tiefpunkt des Nadir nahezu erreicht war. Durch die Konzentration der Nadirkräfte, die keine natürliche Entwicklung mehr fanden, versank die Menschheit in eine immer dichter werdende Finsternis, in einen psychischen Schlafzustand, so daß Verständnis, Vernunft und Reaktionsvermögen dem Gottesplan gegenüber degenerierten und verlorengingen. Ehe dieser fatale Punkt erreicht war, wurde in der Welt alles getan, um eine solche Schlafperiode zu vermeiden, das werden Sie verstehen. Religiöse Impulse mit einem tief philosophischen Hintergrund berührten die gesamte

Menschheit. Botschafter wurden gesandt, um in dieser Ära allen Völkern und Rassen den Pfad, den einen wahren Erlösungsweg, zu zeigen und sie zu belehren, bevor das Kriterium der Zeiten vollkommen angebrochen war. Und der erhabenste Heilsbringer, der jemals unter den Menschen erschienen ist, kam, um seine Heilsbotschaft zu offenbaren und in der Zeit zu begründen. Es war Jesus, der den Christus brachte. Aber da war auch der große Widersacher, der große Verräter, der deutlich erkennbare Anti-Christ. Er brachte und entwickelte für die Menschheit, die sich dem so gefährlichen Kriterium der Zeiten näherte, das erste Gift. Er setzte den vergifteten, betäubenden Becher an die Lippen jener, die dafür empfänglich waren und verursachte so: den Schlaf des Mißverständnisses im Haupttheiligtum der Menschheit, den Stillstand des Gefühlsprozesses des Herzens, die Degeneration des Sinnesorganismus und der inneren Sekretion, also die entsprechenden Folgen einer völlig falschen Entwicklung, auf die schließlich eine Denaturation des menschlichen Schlangenfeuers mit allen entsprechenden Konsequenzen folgen mußte. Der Inhalt des Giftbechers, der diesen tiefen Schlaf verursachte, war der Wahnzustand, den man heute gewöhnlich als Kulturgang der Menschheit bezeichnet. Dieser »Schlaf« wird jetzt beendet, und zwar auf eine zuerst sehr beängstigende, grausame und dramatische Weise.

In der Periode des soeben geschilderten Schlafzustandes der Menschheit entwickelten sich in der ganzen Welt eine fatale intellektuelle, materialistische und psychische Einstellung und Bewegtheit, die unserem Kosmos, dem unmittelbaren Lebensfeld der gesamten Menschheit und der Atmosphäre unseres Kosmos großen Schaden zugefügt haben, so daß auch das Atemfeld in einen sehr giftigen Zustand geraten ist. Das Tierreich ist am Aussterben; das Pflanzenreich ebenfalls; und das

Menschenreich wird von heftigen Krankheiten heimgesucht. Unser ganzer Planet mit all seinen Bewohnern hat also einen höchst degenerativen Zustand erreicht, einen Zustand, der so ernst ist, daß unser ganzer Planet eine Abnormalität und eine Dissonanz in der Alloffenbarung zu werden droht.

Es wird Ihnen klar sein, daß diese Tatsachen nicht nur eine Gefahr für unsere Welt und unsere Menschheit bedeuten (was man hier und da bereits erkennt, was beweist, daß man zu erwachen beginnt), sondern daß all das auch im Sonnensystem eine große Disharmonie, eine Störung der Ordnung im All verursachen muß. Und in der weiten Umgebung außerhalb des Sonnensystems wird diese Heimsuchung ebenfalls erfahren; denn es ist nicht schwer zu verstehen, daß das Angreifen *eines* göttlichen Körpers (was ein Planet ja ist!) das Angreifen *aller* göttlichen Körper, also ein Angreifen der gesamten All-Offenbarung bedeutet. Daher sind die großen Zeichen Gottes, Serpentarius und Cygnus, in starke Bewegung geraten, wie es bereits in der *Confessio Fraternitatis der Bruderschaft des Rosenkreuzes* vorausgesagt wurde.

Welche reinigenden Korrekturen sind nun auf unserem Planeten zu erwarten? Das ist eine Frage, auf die der Schüler einer Geistesschule eine unmittelbare Antwort haben möchte.

Wir sagten Ihnen bereits, daß Serpentarius und Cygnus zwei Nebelfleck-Systeme sind, die mit einer ungeheuren Geschwindigkeit durch den Raum eilen. Wenn sie mit anderen Himmelskörpern in Berührung kommen, setzen sie ihre Einflüsse durch, sei es im positiven oder negativen Sinn, sei es aufbauend oder zerbrechend, so wie es nötig ist. Astronomen haben festgestellt, daß Serpentarius und Cygnus ihre Strahlungsfelder mit dem Erdenfeld verbunden haben. Serpentarius und Cygnus bringen also ihre Einflüsse bereits in unserem Lebensfeld zur Geltung. Sie sind aktuell geworden!

Nun fragen wir: Was ist ihr Ziel? Die Antwort ist naheliegend: Reinigung. Diese Reinigung beginnt im elektro-magnetischen Feld der Erde; das ist deren äußerster Teil. Diese äußerste Ansicht vermischt sich in einem gegebenen Augenblick mit den äußersten Ansichten unserer Atmosphäre, das heißt in folgender Reihenfolge:
mit der astralen Sphäre,
mit der Sphäre des widerspiegelnden Äthers,
mit der Sphäre des Lichtäthers,
mit der Sphäre des Lebensäthers und
mit der Sphäre des chemischen Äthers.
Und schließlich dringt alles in die stoffliche Welt mit all ihren Ansichten ein.

Sie kennen vielleicht die Wirkung eines elektro-magnetischen Strahlungsfeldes. Sobald ein solches Feld die äußersten Grenzen eines bestimmten Körpers berührt hat, dringt seine Strahlungskraft sofort unmittelbar bis zum Kern, dem innersten Wesen dieses Körpers durch. Damit wollen wir sagen, daß die Einflüsse des Serpentarius und des Cygnus dann schon bis in den Kern unserer Erde durchdringen und von allem und allen, die zu diesem Erdenfeld gehören, erfahren werden. Mit anderen Worten: wenn die Berührung der Strahlungsfelder des Serpentarius und des Cygnus korrigierend auftritt und eine Reinigung durchführen will, erfährt die gesamte Menschheit diese Berührung bereits von dem Augenblick an, da dieser Prozeß begonnen hat.

Dieser Prozeß nimmt an Vermögen und Auswirkung in dem Maß zu, wie die Strahlung stets mehr in das Kernwesen unseres Planeten durchdringt und damit die Absichten des Plans des Logos auf eine sehr dynamische Weise verstärkt. Zahlreiche Erscheinungen, die sich augenblicklich in unserem Lebensfeld zeigen, sind vollkommen aus dieser genannten Strahlungswirksamkeit zu erklären. Denken Sie zum Beispiel einmal an die unaufhörlich zunehmenden Nervenspannungen fast aller Menschen in der ganzen Welt. Sie sind völlig aus diesem Prozeß zu erklären. In Verbindung mit der Tatsache, daß sich die Mondkräfte zurückziehen, worüber wir bereits früher sprachen*, führt dieser Prozeß schnell zu einer Krise, in welcher der Mensch sich entweder regenerativ verändert oder in eine grenzenlose Abnormität verfällt, die bald in einer völligen Vernichtung gipfelt.

Man könnte fragen: »Wie kann man bei solchen, bis auf das Äußerste geladenen Spannungen von einer Veränderung zum Guten sprechen?«

Wie Ihnen bekannt sein wird, ist das Hauptheiligtum des Menschen unter anderem der Konzentrationspunkt astraler Strahlungen. Die Qualität dieser astralen Substanzen bestimmt ferner die Wirkungssphäre der Ätherkräfte des Menschen, ihr Arbeitsvermögen und ihre Art, also ihre Qualität. Besitzt der Mensch wirkliche, reine Seelenvermögen und ist also Seelenkraft und Seelenlicht und vor allem und insbesondere Seelenleben in ihm vorhanden, dann nimmt ein solcher Mensch eine hohe, reine astrale Substanz auf, die nicht aus dem gewohnten Lebensfeld dieses Menschen zu erklären ist, sondern auf eine übernormale Weise herangeführt wird. Wenn ein Mensch sich bereits ganz oder teilweise in einem solchen Seinszustand befindet, erzeugt er – unter anderem durch alchimische Umsetzungen im Hauptheiligtum – besonders reine Lichtäther. Da Lichtäther unter anderem auch zur Versorgung und Instandhaltung der sinnesorganischen Vermögen und Organe des Menschen dient, können Sie folgendes gleichsam vor sich sehen:

Ein Mensch, der sich in einem solchen Seinszustand befindet, ein Mensch also, in dem sich eine gereinigte, neue Seele

---

* Siehe Teil IV dieser Reihe, *Der befreiende Pfad des Rosenkreuzes*.

durch entsprechende Lebenshaltung entwickelt, erfährt die Strahlungen des Serpentarius und Cygnus nicht als eine Heimsuchung, nicht als eine Korrektur oder als eine Strafe, sondern als eine intensive Hilfe, als eine Kraft, die den Prozeß der sinnesorganischen Erweiterung und Verfeinerung sehr beschleunigt, wodurch die Widerstände der gewohnten Natur zerbrochen werden. So werden Sie jetzt verstehen, wie dieser ganze Naturprozeß, der jetzt begonnen hat, in einer sehr beschleunigten Weise eine Auferstehung oder einen Fall bewirkt. Dann wird sich erweisen, ob Sie die Gelegenheiten, die Gott Ihnen geschenkt hat, positiv oder negativ genutzt haben, ob Sie alle Möglichkeiten, die Sie kraft Ihres Menschseins besitzen, gebraucht haben oder gebrauchen.

Schlußgebet

Wie reine Ströme, die tausendfach
als goldene und silberne Strahlen,
als Meridiane aus leuchtender Kraft,
den Schüler zum Hochzeitsfest laden,
wird das Wesen erfüllt von der göttlichen Kraft,
die im rhythmischen Reigen
offenbart ihre Macht
in dem heiligen Tanz,
den die Alten uns priesen.

Kommt – wollt tanzen den Tanz
in geheiligter Sphäre,
und kehrt euch zum Hause der Sonn'. Amen.

Empfangt der Königschaft Ehre
und trinkt aus dem ewigen Bronn'. Amen.

Brüder und Schwestern,

die Bruderschaft des Grals
ist angetreten,
um wieder nun in Liebestat,
in lebendiger Gegenwart
opferbereit zu gehen
zu allen, die hier leiden,
um für das neue Morgenrot
mit Mut zu streiten. Amen.

II

DAS NEUE ASTRALE FLUIDUM UND SEINE AUSWIRKUNG

Eröffnung

Wir hoffen und bitten, daß wir einander vor dem Angesicht des siebenfachen universellen Geistes, in der Gemeinschaft mit der Rose und dem Kreuz begegnen dürfen. Amen.

Gebet

Aus unserem dankbaren Herzen strahlt unsere Bitte zum heiligen, dreifachen Logos, uns bei all unserem Bemühen zu helfen, den tieferen Sinn dieser Konferenz verstehen zu können;
die Dynamik unseres Verlangens nach Seelenbewußtsein wenn möglich zu verstärken;
die Neigung zur Selbstübergabe an die Seele in uns zu stimulieren;
uns völlig zu öffnen für die neue Lebenshaltung,
um so als bewußte, erkennende Menschen in den lebenden magnetischen Körper der Schule eintreten zu können.

Daß wir die Wege, die zur Transfiguration der Seele führen, tief erkennen mögen, ist unsere innige Bitte, o erhabene Hierarchie der Gnade. Amen.

Ritus

Wenn die Menschen noch nicht von der Notwendigkeit durchdrungen sind, daß der Seelenmensch, der jetzt noch in dem alten, naturgeborenen, johanneischen Haus lebt, sich vollständig offenbaren muß, bleiben sie als Naturgeborene eine Mischung, eine Vermischung von Gut und Böse. Als ein unentwirrbares Knäuel sind diese Zwillingskräfte der Natur in jedem Lebenszustand zu finden. Die entsprechenden Folgen sind: große Ermüdung, Abstumpfung des Verstehens, Krankheit, Kristallisation und Tod. Die Folgen sind unvermeidlich und die klassische Warnung: »An dem Tage, an dem ihr von dem Baum der Erkenntnis des Guten und des Bösen essen werdet, sollt ihr sterben« beweist sich als nur allzu wahr. Die Gnosis aller Zeiten hat ihren Schülern das immer anhand der Tatsachen vorgehalten.

Wenn man dieses Problem in seiner Gesamtheit vor sich sieht, liegt es doch auf der Hand, daß ein ernsthafter Schüler sich fragt: »Kann man sich tatsächlich praktisch von den Zwillingskräften der dialektischen Natur abwenden und kann man den Plexus Sacralis, die Wurzel des Schlangenfeuersystems zwingen, die anderen Lichtkräfte, die göttlichen Lichtkräfte der sieben Urströme in den Körper aufzunehmen?«

Ja, Freunde, das kann man! In dieser Möglichkeit findet die Gnosis ihre Kraft. In unserer Inneren Schule wird mit den Schülern viel über die sieben Urströme gesprochen, die vom Vater ausgehen. Diese sieben Urströme des Logos sind keine Vermischung von Gut und Böse, von Licht und Dunkelheit. Sie sind allgegenwärtig und unveränderlich in ihrer Kraftäußerung. Wenn unsere Geistesschule damit Erfolg hat, ihre Schüler dazu zu bringen, aus dieser universellen Siebenkraft zu leben, wird von der Gruppe eine sehr besondere, neue, unirdische Kraft ausgehen. Diese Kraft wird wie eine Speise sein, wie eine heilige Speise, wie reines Manna, das jeden Tag zum Dienste aller auf die Lebensfelder herabgesandt wird. Hierin liegt das Geheimnis der gnostischen Magie: Es bedeutet, Lichtkraft von unirdischer Zusammensetzung auszustrahlen, dank der Tatsache, daß die Diener und Dienerinnen, die diese Lichtfackeln in der Finsternis der Todesnatur erheben, ihr Schlangenfeuersystem befreit und vorbereitet haben auf den Eintritt des universellen Siebengeistes. Amen.

Offenbarung, Kapitel 7, Vers 9-17:

»Danach sah ich, und siehe, eine große Schar, welche niemand zählen konnte, aus allen Heiden und Völkern und Sprachen, vor dem Stuhl stehend und vor dem Lamm, angetan mit weißen Kleidern und Palmen in ihren Händen. Sie schrien mit großer Stimme und sprachen: Heil sei dem, der auf dem Stuhl sitzt, unserm Gott und dem Lamm.

Alle Engel standen um den Stuhl und um die Ältesten und um die vier Tiere und fielen vor dem Stuhl auf ihr Angesicht und beteten Gott an und sprachen: Amen, Lob und Ehre und Weisheit und Dank und Preis und Kraft und Stärke sei unserm Gott von Ewigkeit zu Ewigkeit. Amen.

Es antwortete der Ältesten einer und sprach zu mir: Wer sind diese, mit den weißen Kleidern angetan, und woher sind sie gekommen? Und ich sprach zu ihm: Herr, du weißt es. Und er sprach zu mir: Diese sind's, die gekommen sind aus großer Trübsal und haben ihre Kleider gewaschen und haben ihre Kleider hell gemacht im Blut des Lammes. Darum sind sie vor dem Stuhl Gottes und dienen ihm Tag und Nacht in seinem Tempel; und der auf dem Stuhl sitzt, wird über ihnen wohnen. Sie werden nicht mehr hungern noch dürsten; es wird auch nicht auf sie fallen die Sonne oder irgend eine Hitze; denn das

Lamm mitten im Stuhl wird sie weiden und leiten zu den lebendigen Wasserbrunnen, und Gott wird abwischen alle Tränen von ihren Augen.« Amen.

Chorgesang:

Jesu Christ ist meine Freude,
ist mein Trost zu aller Zeit,
führet mich aus Nacht und Leiden
in das Licht der Ewigkeit.
Jesu Christ ist meine Sonne,
meiner Seele Schatz und Wonne.
Darum laß ich Jesu nicht
aus dem Herzen und Gesicht.

Zweite Ansprache

Nach dem, was wir Ihnen in unserer ersten Ansprache erklärt haben, wird Ihnen klar sein, wie unsagbar wichtig es ist, positiv zu wissen, welches die Basis der Lebenshaltung eines Menschen ist. Im allgemeinen betrachtet ist das selbstverständlich, jedoch jetzt, in dieser einzigartigen Zeitenwende, ist es eine sehr zwingende Forderung, denn unsere sehr naheliegenden Lebenserfahrungen hängen vollkommen davon ab.

Wie wir Ihnen bereits sagen durften, dringen die Strahlungen des stärksten Feldes unmittelbar bis zum Kern des schwächsten Feldes durch, wenn sich zwei elektro-magnetische Felder berühren. Und diesen neuen Kraftlinien entsprechend werden dann nacheinander erobert und in der Art verändert:

a. das astrale Feld der Erde und des Menschen,
b. das widerspiegelnde Ätherfeld der Erde und der Menschen,
c. das Lichtätherfeld beider,
d. das Lebensätherfeld beider und
e. das chemische Ätherfeld beider.

Wenn wir diese Entwicklungslinie einmal überblicken, wird uns klar, daß wir alle den Beginn dieser Einflüsse bereits auf die beiden genannten Arten erfahren und empfunden haben. Daher bewegt sich die Menschheit in zwei deutlich einander entgegengesetzten Richtungen fort.

Seit August 1964 ist die Menschheit in eine große neue Bewegtheit geraten. Einerseits versuchte ein Teil der Menschheit, mit schnell zunehmender Kraft eine allgemeine geistige Erneuerung mit allen entsprechenden Folgen zu erreichen und andererseits erhob sich bei einem anderen Teil der Menschheit ein heftiger Widerstand gegen jede Erneuerung. Man sah nämlich zum Beispiel – um uns jetzt auf die Geistesschule zu beschränken – eine solche Erneuerungsinitiative als einen Versuch an, die Schüler in einen Kreis der Mitarbeiter zu treiben, der sie gefangen nehmen sollte durch eine Praxis der Lebenshaltung, die im Gegensatz zu den elementaren humanen Prinzipien stehen würde, z.B. die Forderung nach der persönlichen Freiheit der Anschauung. Es wäre in diesem Zusammenhang vielleicht gut, wenn Sie noch einmal unsere Schrift *Die Weltbruderschaft des Rosenkreuzes, Die Apokalypse der neuen Zeit II*, 1964, durchlesen würden.

Wir wollen Ihnen nur erklären, daß die ersten Einflüsse des die Welt berührenden Berichtigungsfeldes des Serpentarius und des Cygnus im Jahr 1964 vor allem die moderne Geistesschule sehr spürbar anzugreifen begann, sowohl in positivem als auch in negativem Sinn. In den darauffolgenden drei Jahren, 1965, 1966 und 1967 entwickelte sich der neue Lebensprozeß, dem die Menschheit dann unterworfen ist. Man kann diesem Prozeß in seinen verschiedenen Phasen vollkommen folgen.

Die seltsame neue astrale Substanz begann, in das Hauptheiligtum der Menschheit einzudringen. Da es eine astrale Substanz ist, die aus einer der Menschheit völlig fremden Sternenwelt stammt, kann man sich vorstellen, daß seltsame, ja äußerst bedenkliche und sehr gefährliche Ideen in das Hauptheiligtum sehr vieler Menschen eindrangen.

Stellen Sie sich vor: das Hauptheiligtum der weitaus meisten Menschen ist völlig auf die gewohnte Lebensaufgabe abgestimmt, also auf die astrale Substanz des gewöhnlichen dialektischen Lebensfeldes, auf den Nadir des menschlichen Lebensganges. Wenn die fremde astrale Substanz in ein auf diese Weise vorbereitetes Hauptheiligtum eintritt, kann natürlich nicht von Erfüllung, Ausbreitung oder Erweiterung des Intelligenzniveaus, von neuen Vermögen usw. gesprochen werden, sondern es entwickelt sich in diesem Hauptheiligtum eine allmählich wachsende Verwirrung, vor allem, wenn man versucht, auf die neuen Impulse mit den rein dialektischen Vermögen zu reagieren, über die man verfügt und auf die der gesamte Körper abgestimmt ist. Wohin das führt, können Sie sich nach den vielen Erfahrungen der letzten Jahre leicht vorstellen. Denken Sie z.B. einmal an die äußerst merkwürdigen Entwicklungen auf dem Gebiet der Kunst, der Wissenschaft und der Religion. Dieses Terrain ist aber so ausgedehnt, daß wir es nur kurz streifen können.

Seltsame Ideen und Vorstellungen, die man abstrakte Kunst nennt, treten immer mehr in den Vordergrund. Und je verrückter sie sind, umso mehr werden sie gerühmt und bewundert. Hierbei sind Wirklichkeit, Phantasie, Betrug, wie auch Mode-Einflüsse eng vermischt. Es kann zum Beispiel geschehen, daß in dem Hauptheiligtum eines Menschen ohne einen unmittelbar nachweisbaren Anlaß eine seltsame Farbenkombination auftaucht ohne auch nur irgend eine bestimmte Form und daß der Betreffende diese auf die eine oder andere Weise nachzubilden versucht. Es kann sein, daß eine solche Farbenkombination im Hauptheiligtum in Bewegung ist und, seiner Phantasie folgend, meint der Mensch, eine Impression eines unbekannten lebendigen Wesens empfangen zu haben. Ist er dann ein tüchtiger Modellierer oder Bildhauer, dann ist die sogenannte abstrakte Kunst um eine Darstellung reicher.

Die besprochenen neuen astralen Konzentrationen im Hauptheiligtum berühren nicht nur das Bewußtsein, sondern auch den gesamten Sinnesorganismus, also alle Organe, die dazu gehören. Dasselbe kann auch zum System der internen Sekretion gesagt werden. Auch dieses reagiert auf die Kräfte und Einflüsse, die im Hauptheiligtum auftreten. Die Folge kann dann sein, daß ein sehr materialistischer Menschentyp negativ auf den fremden astralen Einfluß reagiert. Er biegt dann den historischen Materialismus auf seltsame Weise um und faselt und theoretisiert z.b. über eine hyper-materialistische Gottheit, die eine gefühllose Diktatur ausübt. Wenn der Zustand der internen Sekretion bei einem Menschen dazu Veranlassung gibt, kann es aber auch sein, daß in der gleichen Weise ein literarisches Produkt entsteht, das von Schmutz und bewußt gewollter Unwahrhaftigkeit trieft. All diese Dinge sind die Folge einer unmittelbaren Abnormität, die als negative Reaktion von der fremden astralen Substanz verursacht wird, die von Serpentarius und Cygnus zu uns kommt. In diesem Zusammenhang dürfen wir auch ganz gewiß nicht all die sonderbaren Verirrungen der verschiedenen religiösen Gemeinschaften vergessen, die empfinden, daß der Boden unter ihren Füßen versinkt, und zwar als Folge der gleichen Einflüsse.

Es ist unnötig zu sagen, daß dieser Entwicklungsgang in den kommenden Jahren in hohem Maß an Umfang zunehmen wird. Wir haben jedoch keine Neigung, in dieser Konferenz ausführlich darauf einzugehen, was alles in ähnlicher Weise geschehen wird. Sie werden es selbst erfahren, sei es persönlich oder in Ihrer Nähe. Besser ist es jetzt, Ihre Aufmerksamkeit nachdrücklich auf die positive Seite dieses Entwicklungsprozesses zu richten, also auf das, was Ihrer ewigen Freude dient.

Wenn ein Mensch wirklich Seelenqualität besitzt und täglich danach strebt, diesen Seelenbesitz zu stärken und also unter anderem die Strahlung des Schlangenfeuers zu reinigen und positiver auszurichten, folgt darauf immer, daß das astrale Fluidum, das sich im Hauptheiligtum konzentriert, gereinigt und strahlender wird und sich aller dialektischen Einflüsse entledigt, die vorher im Hauptheiligtum vorhanden waren. Selbstverständlich passen sich die Sinnesorgane und die interne Sekretion dann an. Und auf diese Weise wird der gesamte Organismus eines solchen Menschen immer offener für eine wirklich gnostische Entwicklung. Wenn dann die Strahlungen des Serpentarius und des Cygnus in einen solchen Menschen eintreten, kann nicht mehr von Sinnestäuschungen oder einem negativen Entwicklungsgang gesprochen werden, sondern von einer positiv aufbauenden und sehr beschleunigten Entwicklung im neuen Lebenszustand.

Schlußgebet

Daß wir täglich mehr Einsicht erlangen
in das befreiende Ziel der Geistesschule,
nämlich unsere sterblichen Seelen in die
Unsterblichkeit aufgehen zu lassen. Amen.

Wer den Pfad der erblühenden Rose geht,
setzt seinen Fuß in die Lande des Lebens.

Es gibt ein Sterben am Rad der zeiträumlichen Ordnung. Das ist die Zukunft des dialektischen Seelenzustandes.

Und es gibt ein Endura, eine Selbstübergabe an das Königreich, an die unsterbliche Seele in uns. Das ist der goldene Tod, zu dem die Universelle Bruderschaftskette uns ruft, der goldene Tod, der ist wie eine Auferstehung.

O goldene Pforte, möge jeder von uns von Dir empfangen werden. Amen.

Schluß-Segen

»Selig sind, die ihre Kleider waschen, denn sie werden ein Anrecht auf den Baum des Lebens haben und durch die Tore der Stadt eintreten.

Ich, Jesus, habe meinen Engel gesandt, um euch diese Dinge vor den Gemeinden zu bezeugen. Ich bin die Wurzel und das Geschlecht Davids, der helle Morgenstern.

Und der Geist und die Braut sagen: Komm!
Und wer es hört, sage: Komm!
Und wen dürstet, der komme,
Und wer danach verlangt,
der nehme das Wasser des Lebens umsonst. Amen.«

Brüder und Schwestern,
die Gnade Christi sei mit allen. Amen.

III

DIE SIEBEN GÖTTLICHEN LICHTSTRÖME

Eröffnungswort

Wir wissen uns unter der Strahlung des heiligen Goldenen
Rosenkreuzes vereinigt:
 Ex Deo nascimur,
 in Jesu morimur,
 per Spiritum Sanctum reviviscimus. Amen.

Möge der neue Weg sich für alle offfnen,
die sich von innen her dem neuen Reich zuwenden,
damit die Mysterien der Gnade
allen entschleiert werden,
die den einen Pfad beschreiten.

O Geist des Heils,
der Du das Herz der Todesnatur angegriffen hast
und aus diesem Herzen Deine Strahlen bis in die
dunkelsten Höhlen sendest,
Du läßt uns wahrhaft leben,
während wir noch in den Schatten der Nacht umherirren.

Du richtest uns auf am Beginn des Weges,
der zu Deinen Reichtümern führt.
Und so, mit erhobenem Haupt, dürfen wir
quer durch Nacht und Nebel
zur Freiheit der Kinder Gottes gehen. Amen.

»Wenn deine Seele lächelt,
während sie im Sonnenlicht deines Lebens badet,
wenn deine Seele frohlockend singt
in ihrer Verpuppung aus Fleisch und Stoff,
wenn deine Seele weint
in ihrer Burg der Täuschung,
wenn deine Seele drängt, den Silberfaden zu zerreißen,
der sie an den Meister bindet,
wisse dann, o Jünger,
daß deine Seele der Erde zugehört.« Amen.

Ritus

Fest entschlossen betritt der Schüler-Eingeweihte das Gebiet des Geistes. »Wirket Speise, nicht, die vergänglich ist, sondern die da bleibt in dem ewigen Leben, welche euch des Menschen Sohn geben wird, denn den hat Gott der Vater versiegelt.« Jesus hat es befohlen; es gibt nur eines: ihm gehorchen. [...] »Wer an mich glaubt, der wird leben, ob er gleich stürbe; und wer da lebet und glaubet an mich, der wird nimmermehr sterben.«

Es ist für den Schüler-Eingeweihten nicht immer leicht, sofort die hohe Bedeutung, den geistigen Wert der göttlichen Worte zu verstehen. [...] Gottesdienst bedeutet: dem Geist dienen; das himmlische Brot ermöglicht das Leben im Geist; die Kraft der Taufe und die dadurch verursachte geistige Berührung sind himmlische Gnadengaben; eine Ankündigung des Heiligen Geistes, um die Offenbarung zu vollziehen.

All diese Erkenntnisse lassen seine anfänglich gewonnenen Einsichten wachsen und reifen und bewirken, daß er einen immer tieferen Einblick – dem Buchstaben und dem Geiste nach – in das Evangelium der Katharer erhält. [...]

Er sieht sich bei den Essenern, wo Jesus eine Reihe von Jahren verbracht hat; er lebt im Traum mit ihnen in Zurückgezogenheit und Stille und stellt ernste und nützliche Vergleiche bezüglich der Parfaits an. Die Essener studierten mit großer Sorgfalt die verborgenen Kräfte und Wirkungen der Pflanzen und der Mineralien; einige besaßen die Gabe der Prophetie; sie forderten ein Noviziat von drei Jahren, bevor es möglich war, in die Bruderschaft einzutreten. Dann folgte die Gemeinsamkeit der Mahlzeiten, die geweihte Kleidung, Gebete, Schweigen, das Verbot zu schwören, Hassen der Lüge, Demut, vorbildliche Moral; die esoterische Überlieferung der Propheten. Und auch Heiligung des Geistes, individuelle Freiheit, durch Enthaltsamkeit Erreichen der erstrebten Läuterung, Beachtung der Ordensverpflichtungen, das Bewahren der Ordensgeheimnisse.

Daraus ergab sich logischerweise: Befreit von den Banden des Körpers wie von lange währender Sklaverei, entschwebt die Seele voller Freude. Amen.*

Verstehen Sie es, Freunde, daß das universelle Rosenkreuz zu allen Zeiten den Auftrag und die Aufgabe hat, wirklich befreiendes Streben der Menschen, wie und wo es auch sei, zu unterstützen, ohne dabei aus den Augen zu verlieren, daß das universelle Rosenkreuz als Dienerin des universellen Christus auch unmittelbar Initiativen ergreift.

In dem alten, klassischen Zentrum der Katharer, im Tal der Ariège, Südfrankreich, gibt es eine Grotte, die als die Grotte des Großmeisters bezeichnet wird.

Wer war dieser Großmeister? Er war kein Katharer, sondern ein Rosenkreuzer! Er vertrat die Bruderschaft des Rosenkreuzes

---

* A. Gadal, *Auf dem Weg zum Heiligen Gral*, Rozekruis Pers, Haarlem, 1980, S. 62-65.

unter den Katharern. Er gab Hilfe und Stütze, sofern das möglich war und verband die Katharer mit denen, die ihnen in Ewigkeit nahe sein würden. Der Großmeister des Rosenkreuzes, der Katharer-Bruderschaft zugeordnet, würde jedoch niemals in die Magie der Kirche eintreten.

Magie bedeutet: ein bestimmtes Ziel, ein Dogma oder Streben mit Kraft zu unterstützen, um so einen Einfluß auf Menschen ausüben zu können. Darum muß Magie, wenn man sie in wirklich göttlichem Sinn anwenden will, strengen Gesetzen unterworfen sein, die sich auch stets ändern müssen, weil der Fortschritt der Menschheit es erfordert.

Die kirchliche Magie gründet sich auf die Kundalini-Kräfte des Astralkörpers, ebenso wie Magie oft auf den Kräften der alten Mond-Mysterien beruht. Bis zum Beginn unserer Zeitrechnung war es noch möglich und in begrenztem Maß erlaubt, mit der Chakra-Kundalini des astralen Körpers zu arbeiten. Doch schon damals wurden diese Gebräuche durchkreuzt von der Lehre Jesu Christi. Darum wird schon seit zweitausend Jahren kein wahrer Rosenkreuzer eine andere Kundalini-Kraft gebrauchen als die des Herzens, keine andere Kundalini-Kraft als die der Seele, weil es seit mindestens zweitausend Jahren eine absolute Forderung für alle ist, die wahrlich Magie ausüben wollen, die Menschheit dazu zu drängen, die lebendige Geist-Seele zur Geburt zu bringen als die Aufgabe dieser Erd-Periode. Amen.

Dritte Ansprache

Wie wir bereits gestern erklärten, haben die Strahlungen und Kräfte, die von Serpentarius und Cygnus zur Welt und Menschheit kommen, zwei sehr deutlich voneinander zu unterscheidende Wirkungen, nämlich eine negative und eine positive Wirkung.

Die negative Wirkung wird von dem Menschen selbst bestimmt, wenn dieser noch vollkommen von der Natur ist und die Dialektik als das Ziel seines Lebens ansieht, all seine Intelligenz-Organe darauf abstimmt und seinen gesamten Lebensplan also auf die Todesnatur gerichtet hält.

Aber auch die positive Wirkung wird vom Menschen selbst bestimmt, nämlich dann, wenn dieser sich völlig auf die Entwicklung seiner Seele und somit auf seine Befreiung aus der Natur des Todes richtet. In einem solchen Seinszustand wirken die Strahlen des Serpentarius und des Cygnus helfend, verwirklichend und dynamisierend.

Außerdem müssen Sie verstehen, daß die Strahlungen des Serpentarius und des Cygnus keine einzige psychologische Veränderung in die Wirkungen und Absichten des Heiligen Siebengeistes bringen. Im Gegenteil, sie beschleunigen die Wirkungen und die Durchführung der Absichten!

Gerade das ist nun das Merkwürdige, das so Besondere an der Zeit, in der wir jetzt leben, daß eine interkosmische Kraft eingreift, um den Gottesplan übereinstimmend mit Gottes Rat beschleunigt durchzuführen. Denn Sie werden verstehen, daß das Erreichen des Nadirs durch die Menschheit nicht nur unsere Erde betrifft, sondern eine Neuordnung des gesamten Weltgefüges verursacht. Für diese Neuordnung sorgen Serpentarius und Cygnus.

So wird es nun klar, daß wir in eine Periode eingetreten sind, in der von uns allen ein Entschluß verlangt wird. Nachdem uns das, was jetzt gekommen ist, jahrhundertelang vorausgesagt wurde und viele Botschafter uns den Prozeß vorgelebt haben, muß jetzt unsere Antwort folgen. Denn ebenso wie das Universum mit der Entwicklung des Gottesplans Schritt hält und jeder Kosmos selbstverständlich dabei Partei ist, so ist auch jeder Mikrokosmos ein integrierender Bestandteil, und zwar möglichst ein positiver Teilnehmer, wenn nicht, dann jedenfalls ein negativer. Darum wurden und werden Sie jetzt zweifach orientiert.

Es ist Ihnen bekannt, daß die Merkur-Idee in dieser Konferenz im Mittelpunkt steht. Wir denken hier an den Merkurstab, den mosaischen Schlangenstab, der von uns gewöhnlich als das Schlangenfeuer bezeichnet wird, das wir alle gebrauchen müssen, um den Pfad, der zum Ziel führt, gehen zu können. Darum ist es die große Aufgabe für uns alle, dieses Schlangenfeuersystem, das wir alle besitzen, in den richtigen Zustand zu bringen.

Die Grundlage, die Wurzel unseres Schlangenfeuers, der Plexus Sacralis, steht entweder mit allen entsprechenden negativen Folgen mit dem Lichtkraftsystem der Dialektik in Verbindung – symbolisch angedeutet als der Baum der Erkenntnis des Guten und des Bössen – oder mit dem Lichtkraftsystem des universellen Siebengeistes – symbolisch angedeutet als der Baum des Lebens. Der gesamte Einsenkungsprozeß in die Natur des Todes, bis in den Nadir, dieser Prozeß, in dem unsere ganze Weltgeschichte bis auf den heutigen Tag enthalten ist, wird nun beendet und durch einen Entsteigungsprozeß ersetzt, durch den Prozeß des Lebensbaumes. Darum die logische Frage: Von den Früchten welchen Baumes leben Sie?

Das dreifache Schlangenfeuer saugt gleichsam über sein Wurzelsystem, den Plexus Sacralis, alle Baustoffe, alle Kraftstoffe, die unser Lebenssystem, der Mikrokosmos, benötigt, auf und führt sie zu den verschiedenen Organstrukturen. Das zentrale Organ, von wo aus alle diese Bau- und Kraftstoffe nach ihrer Aufnahme im Plexus Sacralis ihre Aufgaben ausführen, ist das Hauptheiligtum.

Um genau zu sein, müssen wir Ihnen sagen, daß es sieben göttliche Lichtströme von verschiedener Art gibt, aus denen der Mensch leben muß. Es sind die sieben Urelemente, von den

Alten die »sieben Harmonien« genannt. Auf diese sieben Harmonien muß der Kandidat in den gnostischen Mysterien vollständig reagieren können. Er muß sie vollkommen in den sieben Gehirnhöhlen, den Vorratskammern seines Lebenszustandes besitzen. Beim wahren Menschen, der ein wirksames dreifaches Schlangenfeuersystem besitzt, wird über diesen dreifachen Lebensbaum ein fundamentales dreifaches Prana aufgenommen. Dieses dreifache Prana wird in den drei höheren Gehirnhöhlen konzentriert und ist dermaßen fundamental, daß es das gesamte übrige Wesen für die vier anderen Lebensströme öffnet.

Beim gewöhnlichen dialektischen Menschen unseres Typs jedoch, in dem die beiden Kanäle des Sympathikus nicht über den Plexus Sacralis verbunden sind, kann nur ein fundamentaler Lebensstrom auf die besprochene Weise durchdringen. Dadurch kann in den drei höheren Gehirnhöhlen nur immer der gleiche Lebensatem seine naturgemäß sehr unvollständigen Aufgaben ausführen. Sie werden verstehen, daß eine Störung in einem solchen fundamentalen Organismus den Menschen nicht nur abnorm werden läßt, sondern gleichzeitig in jeder Hinsicht und Ansicht anders als es im Plan Gottes bestimmt ist. Darum haben im heutigen Krisenmoment die Kräfte des Serpentarius und des Cygnus eingegriffen, damit diese falsche Entwicklung nicht weitergeht. Sie werden vielleicht fragen: »Auf welche Weise kann denn die zerbrochene Dreieinheit im Plexus Sacralis wiederhergestellt werden? Denn das muß dann doch fundamental sein?«

Die drei fundamentalen Lebensströme müssen in den drei höheren Gehirnhöhlen vollkommen zusammenarbeiten können, wenn von einer ursprünglichen Menschwerdung gesprochen werden soll. Jede Heilung muß von der Grundlage des Schlangenfeuers, von der Basis des Schlangenstabes ausgehen. Daher sprechen wir vom Plexus Sacralis als Basis der Heiligung. Der Plexus Sacralis verbindet den Menschen nach der verschleierten Mysterienlehre unmittelbar mit dem Ausgangspunkt, mit dem Beginn der menschlichen Reise zum Nadir, der jahrmillionenlangen Reise auf dem Strom des Lebens. Zuerst war der Abstieg auf diesem Strom als Erfahrungsweg notwendig, unter der Leitung des Baumes der Erkenntnis des Guten und des Bösen. Darauf folgt, ebenfalls notwendigerweise, ein aufwärts führender Gang über diesen Strom, nun jedoch unter der Leitung des Baumes des Lebens. Jeder Mensch muß diese Reise, diese zweifache Reise antreten, auf seinen Schlangenstab gestützt.

Sie können sich jetzt vielleicht vorstellen, daß die Basis des Schlangenfeuers sich vollkommen in der Funktion, also in der Wirkung, ändern muß. Lange hat die Menschheit auf dem Weg der Psychologie nach der Lösung des gewaltigen Problems gesucht, wie der Weg nach oben gefunden werden kann.

Es gab eine Gruppe mit einem unausrottbaren Drang nach religiöser Lebenshaltung. Und es gab eine Gruppe mit einem intensiven Drang nach Erweiterung des Verstandesvermögens, einem Drang nach Kenntnis. Weiter gab es eine dritte Gruppe, die auf tausendundeine Art mit einem zügellosen Tatendrang nach einer Lösung suchte.

Wie ist es möglich, so kann man fragen, daß in einem solchem komplizierten Organismus das Verlangen zur Wiederherstellung des Zerstörten, zur Erlösung vom Rad der Geburt und des Todes aufwallt?

Dieses Verlangen steigt früher oder später aus dem Herzen des Menschen empor, aus dem Herzheiligtum, das erstens eng mit den drei höheren Gehirnhöhlen verbunden ist, und in dem sich außerdem der Sitz des geistigen Menschen befindet. Wir wissen, daß das richtig ist. Wir haben Kenntnis vom Uratom, von der Rosenknospe, die in dem Herzen beschlossen liegt. Wenn der Mensch daher nur lange und hart genug von den

Schlägen des Schicksals – das heißt, von den Schlägen der Urkräfte – getroffen wird, hört er in einem gegebenen Augenblick eine fremde Stimme in seinem Herzen. Es ist die Stimme jener, die das Ende eines Lebensprozesses erreicht haben, eines Lebensprozesses, der sich bis auf eine Ausnahme als völlig nutzlos erwiesen hat. Es ist das Resultat der vergeblichen Mühen, der vielen Anstrengungen auf der horizontalen Ebene. Ein solches Resultat hat eine starke Wirkung auf den Blutzustand des Menschen. Durch diesen Blutzustand kann aus der Tiefe des Herzens ein Schrei um Hilfe emporsteigen. Es ist die Stimme der Sphinx, die fast im Wüstensand versunken ist. Es ist die Stimme, die um Erlösung ruft und fleht. Und wer dieser Stimme in Frömmigkeit, Gottesfurcht und Selbstübergabe antwortet und nicht gleich böse protestiert wegen all dieser dialektischen Widerstände, denen er im Leben begegnet, sondern dem Pfad folgt, der uns schon so lange gezeigt wurde, wird sich fähig erweisen, das dreifache Schlangenfeuer wiederherzustellen.

Im Plexus Sacralis werden dann durch eine erhöhte Vibration die beiden voneinander getrennten Kanäle des spinalen Geistfeuers erneut miteinander verbunden. So wird dann der Zirkulationsprozeß, der so lange gestört war, wodurch der Mensch an die Erde gefesselt wurde, vollkommen wiederhergestellt. Von diesem Augenblick an werden dann im Hauptheiligtum die drei höheren Gehirnhöhlen wieder mit den drei fundamentalen Strahlen des Siebengeistes erfüllt, und zwar mit wunderbaren Folgen. In der sechsten Gehirnhöhle befindet sich die bekannte Zirbeldrüse. Sobald diese ihre ursprüngliche göttliche Nährkraft wieder empfängt, entwickeln sich große Dinge im Leben des Schülers.

Es ist vielleicht gut, zur Vorbereitung die noch zu besprechenden Ansichten der Schlangenfeuertätigkeit kurz anzudeuten. Die Pinealis tritt unter anderem im menschlichen System als Atomgenerator auf. Wir wollen damit sagen, daß von der Pinealis die Art, die Struktur und das Wesen des Atoms bestimmt werden, welches dem Bauwerk unserer Persönlichkeit zugrunde liegt. Die Atome, aus denen unser Körper zusammengesetzt ist, haben eine bestimmte Qualität. Obwohl die Atome aller Menschen aus der gleichen Grundsubstanz stammen, werden sie in Art und Vibration total verändert, sobald sie mit der Pinealis in Berührung gewesen sind. Es ist also klar, daß die Pinealis zu ganz neuer Wirksamkeit angeregt wird, wenn die kreisende Wirksamkeit des Schlangenfeuers wiederhergestellt ist und die drei fundamentalen Strahlen des Siebengeistes die drei höheren Gehirnhöhlen mit ihren Strahlen erfüllen können. Dieser Atomgenerator wird neue, andere Atome erzeugen und sie im ganzen Wesen verbreiten. Sie werden erkennen, daß Transfiguration dann die Folge sein muß.

Im *Geistigen Testament der Bruderschaft des Rosenkreuzes* wird vom sechsten Kandelaber gesprochen, der angezündet werden muß. Dieser sechste Kandelaber ist die sechste Gehirnhöhle, in der sich die Pinealis befindet. Als Rosenkreuzer den sechsten Kandelaber anzünden bedeutet also:
1. das Eintreten in einen neuen Lebensprozeß,
2. das Betreten eines neuen Weltenganges, mit dem wiederhergestellten Schlangenfeuerstab fest in der rechten Hand,
3. absolut imstande zu sein, in der lebendigen Gegenwart den Weg zurück, den Weg nach oben, zu betreten,
4. mit der Transfiguration zu beginnen und *in* der Welt, aber nicht mehr *von* der Welt zu sein.

Epilog

Der Schüler der Geistesschule des Goldenen Rosenkreuzes bindet sich von innen her an eine allerhöchste Pflichterfüllung, sowohl dem Stoff als auch der Seele und dem Geist nach. Diese Pflichterfüllung bedeutet daher: Pflicht erkennen, Pflicht von Herzen begehren und Pflicht mit großer Freude verwirklichen. Dieses Erkennen, Begehren und Verwirklichen bezieht sich unter anderem auf das vollkommene Erfassen und Umfassen der höheren Gesetze der wahren Menschwerdung und das Verhältnis der Lebenswellen untereinander. Jede Abnormität in dieser Hinsicht ist im Widerspruch mit Gottes Willen und muß völlig ausgerottet werden.

Der Schüler der modernen Geistesschule verpflichtet sich zu absoluter Ehrlichkeit sich selbst, anderen und Gott gegenüber. Der Schüler wird nicht zögern, die Selbstverleugnung der Seele und dem Körper nach in Vollkommenheit zu durchleben. Selbstverleugnung bedeutet, daß der einzelne Mensch sich, durch wahrhafte Liebe getrieben, völlig bewußt der Gruppengemeinschaft hingibt. Selbstverleugnung bedeutet Seelenbefreiung. »Wer sein Leben verlieren will um meinetwillen, der wird es finden.« Amen.

Schluß-Segen

Brüder und Schwestern,
für die klar bewußt Wollenden
ist wiederum die Zeit angebrochen,
um im wahren Sinn des Wortes
wirklich Mensch zu werden.
Ihnen wird die besondere Ehre zuteil,
unter dem Licht des flammenden Sterns
Seelenbefreite zu werden.
Der göttliche Meister hat einst gesagt:
»Ich bin das Alpha und das Omega«.
Er wird Sie auf den Weg der Sterne führen. Amen.

IV

DIE KOMMENDE INTERKOSMISCHE REVOLUTION

Eröffnungswort

In der Strahlungskraft des heiligen Rosenkreuzes vereint, werde Gnade, Liebe und Friede in Ihnen vervielfacht durch die Erkenntnis Gottes, in der Heiligung des Geistes, in Gehorsam und dem Blut nach gebunden an Jesus den Herrn. Amen.

Hierdurch wird die Liebe Gottes in uns offenbar, daß er seinen eingeborenen Sohn in die Welt gesandt hat, damit wir durch ihn leben sollen. Hieran erkennen wir, daß wir in ihm bleiben und er in uns, nämlich daß er uns durch seinen Sohn von seinem Geist gegeben hat. Amen.

Prolog

»Im Namen Gottes, des Beschützers des Universums:
Hier unten, o Seele, ist die stoffliche Welt, der Ort des unbefriedigten Verlangens und der Furcht, der Degradierung und der Trübsal.
Hier oben ist die Welt des Geistes, der Ort des Friedens, der Befreiung von Furcht, der hohen Würde und der Freude.
Du hast, o Seele, beide Welten gesehen und Erfahrungen in beiden gesammelt. Triff nun deine Wahl übereinstimmend mit deiner Erfahrung.

Du bist aus einem bestimmten Stamm hervorgekommen, o Seele, und bist ein Zweig dieses Stammes. Wie weit auch der Zweig von seinem Stamm entfernt ist, so besteht doch Verbindung und Kontakt zwischen dem Stamm und dem Zweig, so daß jeder Zweig Nahrung von seinem Stamm empfängt. Wenn etwas zwischen den Stamm und den Zweig treten könnte, wäre die Nahrungsversorgung des Zweiges unterbrochen und müßte der Zweig verwelken und sterben. Bedenke dieses, o Seele, und sei davon überzeugt, daß du bestimmt bist, zu deinem Schöpfer zurückzukehren, welcher der Stamm ist, aus dem du gewachsen bist.

Befreie dich daher von dem Schmutz und der Bürde dieser stofflichen Welt, die dich an der Rückkehr zu deiner eigenen hohen Welt und dem Stamm, aus dem du hervorgegangen bist, hindern.« Amen.

Ritus

»Was der mittelalterliche Rosenkreuzer im Anblick der Naturprozesse erlebt hat, ist eine heilige Naturwissenschaft. Was er erlebte an geistigen Opfergesinnungen, an großen Freuden, großen Naturvorgängen, auch an Schmerzen und Traurigkeit, an erhebenden und erfreuenden Ereignissen während der Experimente, die er vornahm, das wirkte alles erlösend und befreiend auf ihn ein. Alles das aber ruht jetzt in den innersten Untergründen des Menschen, alles, was ihm damals dort hineingelegt wurde.

Wie finden wir nun diese verborgenen Kräfte, die damals zum Hellsehen führten, wieder? Wir finden sie dadurch, daß wir uns durch ernste Meditation und Konzentration ganz dem inneren Leben der Seele hingeben [...] Dann wird in Zukunft, wenn auch zunächst eine noch kleine Schar, das Ereignis des

Paulus vor Damaskus erleben dürfen und wahrnehmen den ätherischen Christus, der übersinnlich unter die Menschen kommt. Es muß aber zuerst der Mensch wieder zu dem geistigen Anblick der Natur kommen. Wer den ganzen inneren Sinn der Rosenkreuzerarbeit nicht kennt, kann glauben, die Menschheit sei noch auf der gleichen Stufe wie vor zweitausend Jahren. Bevor dieser Prozeß durchgemacht worden sein wird, der allein durch die Geisteswissenschaft möglich ist, wird der Mensch nicht zum geistigen Schauen kommen [...].

Durch das Ereignis bei der Taufe im Jordan, als der Christus in den Leib des Jesus von Nazareth herabstieg, und durch das Mysterium von Golgatha ist die Menschheit fähig geworden, den Christus später – in diesem Jahrtausend noch – im Ätherleib zu schauen und zu erleben. Christus ist nur einmal auf Erden in einem physischen Leibe gewandelt, und das muß man verstehen können. Die Wiederkunft des Christus bedeutet: den Christus übersinnlich im Ätherleibe zu schauen. Daher muß jeder, der den richtigen Gang der Entwicklung gehen will, sich die Fähigkeit erringen, mit dem geistigen Auge schauen zu können. Es wäre kein Fortschritt der Menschheit, wenn Christus noch einmal im physischen Leibe erscheinen müßte. Das nächste Mal wird er sich im Ätherleibe offenbaren.

Was die verschiedenen Religionsbekenntnisse geben konnten, das ist zusammengetragen worden durch Christian Rosenkreutz und das Kollegium der Zwölf. Die Wirkung davon wird sein, dasjenige, was die einzelnen Religionen gegeben haben, was ihre Bekenner erstrebt und ersehnt haben, im Christus-Impuls zu finden. Dieses wird die Entwicklung der nächsten drei Jahrtausende sein: das Verständnis für diesen Christus-Impuls zu schaffen und zu fördern. Vom zwanzigsten Jahrhundert an werden alle Religionen im Rosenkreuzermysterium vereinigt sein. Das wird möglich sein in den nächsten drei Jahrtausenden, weil es nicht mehr nötig sein wird, aus dem, was die Dokumente enthalten, die Menschheit zu belehren, sondern durch den Anblick des Christus werden sie selbst verstehen lernen das Ereignis, welches Paulus vor Damaskus erlebte. Die Menschheit wird selbst durch das Paulus-Ereignis hindurchgehen*«. Amen.

Vierte Ansprache

Es gibt, wie wir erklären durften, seit der Grundlegung der Zeiten ein göttliches Allbemühen mit Welt und Menschheit, eine Wirksamkeit, die wir gewöhnt sind, als den heiligen Siebengeist anzudeuten. Es ist dieser Heilige Geist, der nach dem Plan, der dem All zugrunde liegt, die Menschheit von Schritt zu Schritt weiterdrängt. Solange die Menschheit diese Führung Gottes annimmt und die menschliche Psyche ganz darauf abgestimmt ist, geht alles gut. Nachdem der Mensch jedoch immer bewußter wurde und die verschiedenen Organstrukturen des Körpers sich dem Höhepunkt ihrer Entwicklung näherten, mußte eine sehr gefährliche Periode anbrechen. Das ist naheliegend, denn es mußte sich während dieser Periode zeigen, ob der Mensch imstande sein würde, seinen Lebensgang, seinen weiteren Entwicklungsgang bis zu einer gewissen Höhe selbst in die Hand zu nehmen. Nach der Absicht des Logos sollten dabei sein Gottvertrauen, seine Einsicht in den Plan des Alls und sein freier Wille führend sein. Genau wie ein eben erst geborener Mensch in einem gegebenen Augenblick lernen muß, allein zu laufen, so trat die Menschheit in der jüngsten Vergangenheit in eine Periode ein, in der die Freiheit

---

* Rudolf Steiner, *Das esoterische Christentum*, Dornach, 1962, S. 76-78.

als absolute menschliche Eigenschaft geübt und entwickelt werden mußte.

Sie werden verstehen, daß eine solche Periode interkosmisch unter scharfer Beaufsichtigung stehen muß und daß, wenn nötig, stark eingegriffen werden muß, weil eine derartige Periode immer höchst gefährlich ist, und zwar nicht nur für die eigene Lebenswelle, sondern ebenfalls − und vor allem interkosmisch gesehen − für die Ordnung im Allbestehen, für das gesamte Schöpfungsfeld. Daher treten jetzt in unserer Zeit Serpentarius und Cygnus auf, um die vielen Gefahren für Welt und Menschheit, für das Sonnensystem und das ganze All zu neutralisieren oder abzuwenden. Das werden Sie zweifellos einsehen.

Aber Sie müssen auch verstehen, daß sich sowohl auf der Erde als auch in dem uns Umringenden sehr seltsame Geschehnisse ereignen werden. Deshalb sagen wir, daß sich durch diesen interkosmischen Eingriff im Kriterium unserer Zeit viele sonderbare, atmosphärische Erscheinungen offenbaren werden und daß auch atemtechnische Störungen auftreten werden. All diese atmosphärischen Einflüsse werden eine starke Wirkung auf die sinnesorganischen Vermögen des Menschen, besonders auf das Sehvermögen haben, das dann sowohl äußerlich als auch innerlich wahrnehmen wird. Vieles, was bisher wie hinter einer hohen Mauer verborgen und unsichtbar war, wird durch das neue, beiläufig wirksam werdende sinnesorganische Vermögen wahrnehmbar werden, so zum Beispiel die Bewohner der Spiegelsphäre und auch die Umgebung, in der sie sich befinden.

Unter denselben Einflüssen muß auch das nördliche Strahlungsfeld unseres Planeten seine bis jetzt verschleierten Geheimnisse preisgeben. So werden zum Beispiel die Bewohner der Gebiete, die unter der Oberfläche der Erde liegen, sichtbar und erkennbar werden, denn auch ihr Lebensweg wird durch die interkosmische Revolte, die uns angegriffen hat, völlig verändert werden. Das wird sich unter anderem durch viele vulkanische Ausbrüche vollziehen, die das Innere der Erde samt der äußeren Ansicht der Länder und Meere eingreifend verändern werden.

Eine völlig andere Ansicht dieses total neuen Weltenganges – den man als die Umwandlung des abwärtsgerichteten Pfades, der bis zum Nadir führte, in einen aufwärts gerichteten Weg zum Vaterhaus ansehen muß – ist der Anfang eines interkosmischen Verkehrs zwischen den Bewohnern der Planeten und der anderen Himmelskörper. Bewohner anderer Planeten werden uns besuchen und uns viele Dinge lehren, von denen die Menschheit jetzt noch keine Ahnung hat.

Wir nähern uns all diesen Dingen der nächsten Zukunft nur von der prophetischen Seite her. Die wissenschaftlichen und technischen Ansichten gehören nicht zu unserer Kompetenz.

Zum ersten Mal in der Weltgeschichte soll für alle, deren Augen dafür geöffnet sind oder geöffnet werden können, die heilige und geweihte Bruderschaft der Unsterblichen Seelen, über die wir schon so oft gesprochen haben, erkennbar und sichtbar werden:

»Sie hörten eine große Stimme vom Himmel zu ihnen sagen: 'Steigt herauf!' Und sie stiegen auf in den Himmel in einer Wolke, und es sahen sie ihre Feinde. Zu derselben Stunde ward ein großes Erdbeben und der zehnte Teil der Stadt fiel; und es wurden getötet in dem Erdbeben siebentausend Namen der Menschen, und die anderen erschraken und gaben Ehre dem Gott des Himmels. Das andere Weh ist dahin; siehe, das dritte Weh kommt schnell.

Der siebente Engel posaunte; und es waren große Stimmen im Himmel, die sprachen: Es sind die Reiche der Welt unseres

Herrn und seines Christus geworden, und er wird regieren von Ewigkeit zu Ewigkeit. Die vierundzwanzig Ältesten, die vor Gott auf ihren Stühlen saßen, fielen auf ihr Angesicht nieder und beteten Gott an und sprachen:

> Wir danken Dir, Herr, allmächtiger Gott, der Du bist und warst,
> daß Du hast angenommen Deine große Kraft und herrschest;
> und die Heiden sind zornig geworden,
> und es ist gekommen Dein Zorn und die Zeit der Toten,
> zu richten und zu geben den Lohn Deinen Knechten, den Propheten,
> und den Heiligen und denen, die Deinen Namen fürchten, den Kleinen und Großen,
> und zu verderben, die die Erde verderbt haben.

Der Tempel Gottes wurde aufgetan im Himmel, und die Lade des Bundes ward in seinem Tempel gesehen; und es geschahen Blitze und Stimmen und Donner und Erdbeben und ein großer Hagel.« Amen.

Es ist klar, daß sich jetzt bei diesem Umbruch zwei Menschengruppen deutlich abzeichnen werden:

Die eine Gruppe, zu der alle gehören, die das Ziel des Lebens bereits erkannt haben und damit beschäftigt sind, sich darauf abzustimmen, sich danach zu richten, wie zum Beispiel die Internationale Gemeinschaft des Lectorium Rosicrucianum. Jene, deren Augen durch den Schock der Umkehr der Dinge jetzt zum ersten Mal geöffnet werden und die nicht durch ein schlechtes Leben in der Materie völlig verschlossen sind. Und alle, die durch den Besitz angewandter Liebeskraft ebenfalls jetzt offen werden – denn Liebeskraft öffnet, und auch sie, die dank ihrer reinen religiösen Gesinnung das verlorene Glied finden können, das Glied, das sie auf dem alten

Lebensweg verloren hatten. Sie alle werden zusammen das geeignete Material bilden, die Grundlage für eine wirklich priesterliche Schar, für eine Innere Schule, die sie in eine neue menschliche Gemeinschaft führen wird, eine Gemeinschaft wahrhafter Christen, deren Glaubenszustand gegründet sein wird auf Güte, Wahrheit und Wirklichkeit, in unmittelbarer Gemeinschaft mit der Christushierarchie.

Und dann ist da die zweite Gruppe, zu der alle gehören, die auf die eine oder andere Weise psychisch beschädigt sind. Diese Gruppe ist entsetzlich groß. Sie zählt viele Millionen Menschen. Hierunter fallen:

erstens jene, die karmisch schwer beladen sind und schon der Persönlichkeit nach schwer beschädigt zur Welt kommen;

zweitens solche, deren Hauptheiligtum infolge der verstandesmäßigen und intellektuellen Praktiken, die sie anwandten, sehr beschädigt ist;

drittens alle, deren Sittenverderb dermaßen groß ist, daß das gesamte System der internen Sekretion, der Sinnesorganismus und das Herzheiligtum so verdorben sind, daß sie in einem Leben nicht wiederherzustellen sind;

viertens, allgemein zusammengefaßt jene, die, sei es naturreligiös, sei es wissenschaftlich oder durch die von ihnen geschaffenen Kunstwerke, große Sünden gegen die Menschheit auf sich geladen haben, die so ohne weiteres nicht zu büßen sind.

Auch diesen Menschen muß geholfen werden. Sie fallen, um mit der Bibel zu sprechen, »unter das Gericht«. Dieses Gericht ist jedoch keine Strafe, wie das vom normalen Menschen angenommen wird, sondern eine Therapie, mit deren Hilfe versucht wird, ihnen zu helfen und sie zu heilen, ohne daß die übrige Menschheit Schaden dadurch erleidet.

All diese Typen werden daher durch den Logos zu Gebieten gebracht, die speziell für sie bestimmt sind und wo sie der übrigen Menschheit durch ihr Verhalten keinen Schaden mehr zufügen können. Denn Sie wissen es, die ganze Welt formt mit der Menschheit zusammen augenblicklich ein großes Krankenhaus, eine große Anstalt für psychisch Gestörte; und es ist tatsächlich kein Platz mehr, um allen zu helfen. Man kann denn auch sagen, daß auch in dieser Hinsicht alles völlig festgefahren ist. Es liegt somit nahe, daß auch hier Serpentarius und Cygnus in das Allgeschehen der Dinge eingreifen werden. Wie dieses Eingreifen stattfindet, hoffen wir in unserem folgenden Dienst mit Ihnen zu besprechen.

Epilog

»So wie die Sonne Freude für jene bedeutet, die ihr Licht suchen, so ist der Herr meine Freude, denn er ist meine Sonne. Seine Strahlen ließen mich aus dem Tod auferstehen, und sein Licht hat die Dunkelheit vor meinem Angesicht vertrieben. Durch seine Gnade habe ich Augen erhalten und habe seinen heiligen Tag gesehen.

Ich habe Ohren empfangen und habe seine Wahrheit verstanden. Ich habe das Vermögen zum Ergründen der Weisheit empfangen, und durch seine Tat fand ich Freude. Ich habe den Weg des Irrtums verlassen; ich bin zu ihm gegangen und habe seinen überfließenden Segen empfangen. Nach der Größe seiner Güte hat er mir gegeben; übereinstimmend mit seiner fürstlichen Milde hat er mich behandelt.

Dank seines Namens habe ich die Unvergänglichkeit angezogen, und durch seine Gnade habe ich die Vergänglichkeit abgelegt; der Tod ist vor meinem Antlitz verschwunden; und unsterbliches Leben ist für mich erstanden auf der Erde des Herrn. Er ist seinen Gläubigen offenbart und ist ohne Vorbehalt allen gegeben, die sich ihm anvertrauen.« Amen.

Schluß-Segen

Wenn ein Schüler oder Diener im Dienst der Bruderschaft des Lebens aus Angst vor der Zukunft die Geistesschule der jungen gnostischen Bruderschaft verleugnet, ist der Reflex dieser Verleugnung im Schlangenfeuer verhängnisvoll für die Einstrahlung der Gnosis. Freunde, beweisen Sie unter allen Umständen in klarer Tat Ihr Schülertum. Die Gnosis wird sich Ihnen dann als der einzige Weg zur Seelenerlösung beweisen.

Brüder und Schwestern, die gnadenreiche Strahlungskraft des Christus sei mit Ihnen allen. Amen.

V

DAS ZEUGNIS DER CONFESSIO FRATERNITATIS R.C.

Eröffnungswort

Mögen Sie durch Ihre Ausrichtung und Konzentration auf die Gnosis und ihre Gnade die Lichtkraft auf die einzig richtige Weise aufnehmen, damit Sie ihren läuternden Einfluß vollständig erfahren werden. Amen.

Prolog

»Dieses sage ich, damit euch niemand durch Spitzfindigkeiten in die Irre führt. Denn bin ich auch dem Körper nach abwesend, im Geiste bin ich bei euch und erfreue mich beim Anblick der guten Ordnung unter euch und eures unerschütterlichen Glaubens an Christus. So wie ihr Christus Jesus den Herrn angenommen habt, sollt ihr auch in ihm bleiben. Bleibet auf ihn gegründet und aufgebaut; haltet fest am Glauben, wie er es gelehrt hat; seid dankbar dafür. Achtet darauf, daß niemand euch verführe durch weltliche Weisheit oder trügerische Rede, die auf die Überlieferung von Menschen gegründet sind oder auf die Lehrprinzipien der Welt, aber nicht auf Christus. Denn in ihm wohnt die Wirklichkeit der ganzen Fülle der Gottheit; und in der Gemeinschaft mit ihm seid ihr dieser Fülle teilhaftig geworden. Er ist das Haupt aller Herrschaften und Mächte.

In ihm seid auch ihr beschnitten mit einer Beschneidung, die nicht mit Händen verrichtet wird durch Entfernung des fleischlichen Körpers, sondern durch die Beschneidung durch Christus. Denn mit ihm seid ihr durch die Taufe begraben; mit ihm seid ihr auch auferstanden durch den Glauben an die Allmacht Gottes, die ihn von den Toten auferweckt hat. Auch euch, die ihr tot wart durch eure Sünden und durch euer unbeschnittenes Fleisch, hat er lebendig gemacht, gemeinsam mit ihm; er hat uns alle Sünden vergeben.« Amen.

Ritus

»Laßt niemand über euch richten hinsichtlich Speise und Trank oder Festtag, Neumond und Sabbat. Diese Dinge sind nur der Schatten der kommenden Dinge; aber die Wirklichkeit ist von Christus. Laß dich nicht verblüffen mit gewollter Bescheidenheit und Engeldienst. So einer macht sich wichtig mit seinen Visionen und wird eingebildet durch seine fleischliche Gesinnung ohne irgendwelchen Grund; aber er hält sich nicht an den Kopf, durch den der ganze Körper durch Gelenke und Sehnen gestützt und zusammengehalten wird und emporwächst zu göttlicher Reife.

Indem ihr mit Christus den Lehrprinzipien der Welt abgestorben seid, warum laßt ihr euch dann wie jemand, der in der Welt lebt, allerlei Vorschriften machen, wie: 'Rühr' mich nicht an, prüfe nicht, hör' nicht darauf.' Alle derartigen Bestimmungen betreffen Dinge, die durch den Gebrauch vergehen; es sind nur Gebote und Lehren von Menschen. Sie haben zwar den Schein der Weisheit, durch Gottseligkeit eigener Erfindung, durch Demut und Selbstkasteiung, aber sie haben keinerlei Wert als zur Befriedigung des Fleisches.

Wenn ihr mit Christus auferstanden seid, suchet dann auch

was hier oben ist, wo Christus ist, sitzend zur rechten Hand Gottes. Seid bedacht auf das, was oben ist und nicht auf das Irdische. Denn ihr seid tot und euer Leben ist mit Christus verborgen in Gott. Aber wenn Christus, unser Leben, offenbart wird, dann werdet auch ihr offenbart werden in Glorie, gemeinsam mit ihm. Tötet dann, was irdisch ist in euren Gliedern: Unzucht, Unreinheit, Jähzorn, böse Begierde und Habsucht, die schließlich Abgötterei ist; durch das kommt Gottes Zorn.« Amen.

Gesät wird in Verweslichkeit, in Unehre und Schwachheit, wie Paulus in seinem 1. Korintherbrief, Kapitel 15, sagt. Was jedoch aufgerichtet, auferweckt, umgesetzt wird, ist nichtsdestoweniger Unverweslichkeit, Herrlichkeit und Kraft.

Denn was geschieht, wenn man wirklich den befreienden Pfad geht? Man ist dann damit beschäftigt, einen Seelenkörper in großer, ewiger, geistiger Qualität herzustellen und aufzubauen. Wenn man entdeckt hat, daß kein einziger Ort in dieser Welt gefunden werden kann, an dem Ruhe, Friede und Sicherheit, Freiheit und Glück bestehen können; wenn man erkennt, daß sowohl die wirklichen als auch die unwirklichen Dinge Täuschungen genannt werden müssen, dann kann die Stunde in einem Menschenleben anbrechen, da ein Verlangen nach höherem, anderem Gut geboren wird.

Wer nun einem solchen Sehnen folgt, ihm Gehör schenkt, setzt seinen Fuß auf den Weg der Seelen-Wiedergeburt. Das ist der Weg, der zu den Lebensfeldern der ewigen Seligkeit und ewigen Ruhe führt. In der geheimen Lehre der Semiten spricht man von dem Palast der Liebe. Die Gnostiker sprechen von der Fülle des ewigen Lichtes. Die Buddhisten nennen es Nirwana und die Christen das Himmelreich.

Aber ehe man den befreienden Pfad, den Lebensweg der Seele erkennt, muß eine bewußte Übergabe des »Ich-Bewußten« an die »Fülle des ewigen Lichtes« vorausgehen. Das ist eine Selbstübergabe, durch die, wie die Bibel sagt, niemand beschädigt werden kann. Darum: wer die Seele gewinnt, findet den Geist.

Die Seele kann jedoch den Ort der Seligkeit nicht erreichen, wenn nicht zuerst die Vereinigung der Seele mit der Substanz, aus der sie stammt, stattgefunden hat. Intuition beruht auf dem Vermögen der Seele, die göttliche Fülle des Alls, die sich in jedem Atom der sieben kosmischen Gebiete offenbart, vollkommen zu kennen. Diese Offenbarung ist das Wesen des Geistes, mit dem die Seele sich durch ihr intuitives Vermögen vereinigt und aus dem sie lebt.

Darum können wir die Warnung in einer alten hermetischen Schrift so gut verstehen: »Wehe der Seele, welche die irdische Hochzeit mit ihrem irdischen Körper der Hochzeit mit dem göttlichen Gatten, dem Geist vorzieht.« (Dieser Text ist dem ägyptischen *Buch der Schlüssel* entnommen).

Es ist bekannt, daß über den Begriff und das Wesen des Geistes große Verwirrung in der Welt herrscht. Wie dem auch sei, vor allem erweist sich, daß der Mensch erst durch die Geburt der unsterblichen Seele die Vereinigung mit dem Geist feiern kann. Wir alle werden von der Bruderschaft des Lebens eingeladen, dieses Fest zu feiern, das Fest des Endura, das Fest, durch das niemand beschädigt werden kann.

Die buddhistische Heilsoffenbarung lehrt: »Betritt diesen Pfad und bereite dem Schmerz ein Ende. Wahrlich, der Pfad ist euch von mir gepredigt, der gefunden hat, auf welche Weise die Wunden der Pfeile des Schmerzes geheilt werden müssen. Ihr müßt jedoch selbst den Versuch zur Heilung unternehmen.«

Und im Matthäus-Evangelium, Kapitel 7, Vers 13 lesen wir: »Gehet ein durch die enge Pforte. Und die Pforte ist eng und der Weg ist schmal, der zum Leben führt [...] folget mir nach.«

Wir bitten für Sie: betreten Sie den schmalen Pfad und lassen Sie sich aus den ruhelosen Lebensströmen hinausführen zur Freude, zum Frieden und zur Ruhe des Geist-Seelen-Lebens. Mögen Ihre Gedanken über den Pfad Sie stärken und zum Ausharren zwingen. Nutzen Sie die Stunden des Tages! Harren Sie Ihrer Stunde! Amen.

Fünfte Ansprache

Sie werden sich vorstellen können, daß diese so komplizierte Welt- und Menschheitsumwandlung, über die wir zu Ihnen gesprochen haben, ungeheure Folgen haben und das Aussehen unserer Welt völlig verändern wird. Wir wollen deshalb versuchen, ehe wir zu einer Gesamtübersicht kommen, einige Einzelheiten zu erforschen, Einzelheiten, mit denen wir alle mehr oder weniger zu tun haben.

Wir wollen dann zuerst einen Blick in das naturreligiöse Lager der Kirchen und Sekten werfen, also in das Lebensfeld jener, die glauben, die Grundlagen des religiösen Lebens im buchstäblichen Text der Bibel oder anderer heiligen Schriften gefunden zu haben und die darauf ihre Wissenschaft, ihre Theologie, aufgebaut haben. Es ist eine reine Universitätskenntnis, auf deren Grundlage Unzählige seit Jahrhunderten unterrichtet wurden und mit deren Hilfe sie durch ihre Professoren, Doktoren und andere Lehrer auf das Leben ihrer Gegenwart und Zukunft gerichtet wurden. Die verstandesmäßige Kenntnis der genannten Gelehrten wollen wir gewiß nicht leugnen, denn das Eindringen in die Kenntnis der alten Sprachen und in alles, was damit zusammenhängt, erfordert eine enorme Anstrengung und eine große Intelligenz, vor der wir großen Respekt haben.

Aber sehen Sie doch ein, daß das Eindringen beispielsweise in die griechische, lateinische, hebräische oder eine andere

Sprache und das Entziffern der Keilschrift, der Hieroglyphen oder dergleichen den Menschen vielleicht näher an das bringen kann, was und wie man in der Vergangenheit dachte und philosophierte – man kann es mit der Art vergleichen, auf die der Mensch von heute denkt – jedoch nicht das kleinste Stückchen näher an die große und absolute Wirklichkeit. Was die Vergangenheit uns auf diesem Gebiet durch die enorme Arbeit und das emsige Suchen vieler Gelehrter geschenkt hat, ist zweifellos schön, und es ist im allgemeinen herrlich zu lesen oder sich darin zu vertiefen. Aber wir wiederholen: es bringt uns keinen Millimeter näher an das heran, was die klassische Philosophie der Chinesen *Tao* nannte.

Auch muß man damit rechnen, daß all diese alte Kenntnis vergangener Geschlechter sehr verschleiert niedergelegt wurde, oft in ein undurchdringliches Gewand der Symbolik gehüllt ist und absichtlich oder aus anderen Gründen falsch übersetzt wurde.

Große Angst lag all diesem zugrunde, denn Sie kennen ja die Bräuche unserer »heiligen« Väter: jede Abweichung von der Glaubenseinsicht einer bestimmten Periode wurde mit dem Tod oder anderen Abscheulichkeiten bestraft. Und so kann man feststellen, daß die Wahrheit so verkündet wurde, wie man sie in einem bestimmten Augenblick sah und daß es daher immer nur ein Stückchen der Wahrheit war. Denn die Wahrheit kann nicht verstandesmäßig, nicht intellektuell erkannt werden. Das ist absolut unmöglich, unmöglich auch aus einem anderen Grund:

Seit der Offenbarung des Alls hat es immer eine Progression im Lauf der Dinge gegeben, die hier nicht als eine fortwährende Veränderung, sondern als ein allmähliches Weitergehen zu einem bestimmten Ziel zu sehen ist. Eine rein verstandesmäßige Annäherung an eine bestimmte Periode der Vergangenheit kann wahrscheinlich einige Kenntnis liefern über das, wie man in dieser Periode dachte und handelte, aber keineswegs im Hinblick auf die eine alles überragende Wahrheit und ihren Beginn, ihr Weiterschreiten und ihr Ziel. Dazu ist ein lebendiger Seelenzustand nötig, das heißt, ein gereinigtes, ein zu vollem Wachstum gekommenes Schlangenfeuer, was bedeutet: ein zu vollem Wachstum gelangter körperlicher Zustand für die Periode, in der wir jetzt leben, in die wir jetzt eingetreten sind.

Der körperliche Zustand der Periode, die jetzt abgeschlossen wurde, ist bereits sehr veraltet. In dieser Periode war der Besitz eines geübten intellektuellen Vermögens mit all den schulmäßigen Nebensächlichkeiten das hohe, überall begehrte Ziel. Aber jetzt, in der Periode, in die wir nun eingetreten sind, muß das Haupttheiligtum vollkommen auf einen total anderen Entwicklungsgang vorbereitet werden, wofür ganz andere Kräfte und elektro-magnetische Prinzipien nötig sind als bisher.

Da der Nadirgang der Menschheit sich jetzt nach oben wendet und wir dazu in eine neue Periode eingetreten sind, wird eine totale Umwendung der Intellektualität zur Geist-Seelen-Entwicklung, um des Daseins willen, sehr, sehr dringend notwendig. Noch immer schreit die Welt nach Unterricht! Wir haben dagegen nichts einzuwenden, wenn dieser Unterricht nur bis zu einer absolut notwendigen Grenze geht. Wir hören jetzt noch Väter und Mütter sagen: »Meine Tochter, mein Sohn muß nur noch ein Examen machen und dann..., dann ist es soweit!« Wofür sie dann »soweit« sind, das wird nicht gesagt, denn das weiß man selbst nicht. Das muß sich dann noch zeigen. Der Wahn des höchsten Ziels war und ist der sogenannte Erfolg, am liebsten *cum laude* für das steinharte »Ich«.

Zweifellos ist das, was wir hier sagen, für sehr viele Studierte und mit Diplom Ausgezeichnete unter uns peinlich anzuhören; die meinen, bis auf die oberste Sprosse der Leiter geklettert zu sein, aber in der jetzt begonnenen Entwicklung bestimmt von dort herunterfallen werden. Aber, Freunde, das alles wird Ihnen gesagt, damit Sie Ihre sicherlich brillianten Möglichkeiten in der nahen Zukunft auf eine völlig andere Weise entwickeln.

Sehen Sie sich doch einmal um! Was ist in diesem Augenblick auf politischem, wirtschaftlichem und sozialem Gebiet aus unserer Welt geworden? Ist es nicht ein großer Schutthaufen? Und ringsum die Gräber unzähliger Toten und die zahllosen Verwundeten! Wieviele gibt es, die in ihrer körperlichen Entwicklung vielfach unheilbar beschädigt sind! Zahllos sind die psychisch Gestörten!

Und die übrige Menschheit, alle, die noch als gesund gelten, müssen in einer total verschmutzten und vergifteten Atmosphäre atmen, Millionen außerdem auf einem total ausgetrockneten Boden, wo die Menschen beinahe vor Armut sterben. Daher kann man sich, mit dieser Wirklichkeit vor Augen, doch als unabweisbar notwendig vorstellen, daß die Kräfte des Serpentarius und des Cygnus eingreifen, um diese so sehr zerstörte und untergehende Welt zu retten! Denn es geht um die Wiederherstellung der zahllosen Beschädigungen, die zugefügt wurden:

über der Erde,
auf der Erde,
unter der Erde und
in der Erde.

Während all dieser Wiederherstellungsprozesse wird der Teil der Menschheit, der sehnsüchtig die wirklichen neuen Lebensmöglichkeiten erwartet, dem grandiosen Augenblick des Erscheinens des Heils, der Kraft und der Königschaft unseres Gottes und der Macht seines Gesalbten entgegensehen.

Dann werden jene, die seelenbewußt geworden sind, aus dem Rausch erwachen, der durch das Trinken aus dem vergifteten, betäubenden Becher verursacht wurde, wodurch sie wie in totaler Bewußtlosigkeit versunken lagen, und mit offenem Herzen, entblößtem Haupt und barfuß, fröhlich und jubelnd der neuen Sonne, dem neuen Morgenrot, entgegengehen.

Dieses Zeugnis aus der *Confessio Fraternitatis R.C.*, das auf alles kommende Geschehen so treffend paßt, wurde einmal an alle Gelehrten in Europa und außerhalb Europas gerichtet und – achten Sie darauf – an alle nach wirklicher Weisheit Dürstenden.

Wenn wir uns jetzt, indem wir annehmen, daß auch Sie zu denen gehören, die nach der wirklichen Weisheit dürsten, erneut an Sie wenden dürfen, dann möchten wir Ihnen nach allem, was wir Ihnen in dieser fünften Aquarius-Konferenz mitteilen durften, sagen:

Lesen und überlegen Sie noch einmal gründlich die Botschaft der *Confessio Fraternitatis*. Dann werden Sie vollständig die Absicht und die Ziele der Bruderschaft des Rosenkreuzes sowohl in der Vergangenheit als auch in der Gegenwart erkennen und, so Gott will, ergründen.

Es kostet nicht geringe Mühe, so sagen die Rosenkreuzer, jemanden etwas glauben zu lassen, was noch unsichtbar ist. Wenn es aber jetzt im hellen Tageslicht offenbar wird, was wir angekündigt haben, werden viele tief beschämt wegen der Zweifel, die sie hegten. In jedem Fall wissen wir sicher, daß wir das, was wir jetzt noch auf verdeckte Weise und zögernd aussprechen, in Zukunft mit lauter Stimme verkünden werden. Mögen Sie alle von ganzem Herzen mit uns wünschen, daß dieses so schnell wie möglich geschehen wird!

Unter welcher Art von Menschen müssen die nach wirklicher Wahrheit dürstenden Menschen, wie die Rosenkreuzer es meinen, gefunden werden?

Auf diese Frage können wir antworten: In erster Linie unter denen, die von reinen Eltern geboren wurden, die ihren Kindern eine würdige Erziehung gegeben haben und die danach strebten, ihre Kinder in keiner einzigen Hinsicht mental zu zwingen. In solchen Menschentypen erwacht ein inniges Verlangen nach befreiendem Leben, eine Offenheit für wirkliche Lösungen unserer Lebensprobleme. Viele von uns werden es für ein intensives Problem halten, in einer Zeit wie der unsrigen eine wirklich psychisch verantwortbare Erziehung ihrer Kinder zu erreichen. Gerade jetzt, da die Welt ihr Ende in der alten Periode erreicht hat und die große Veränderung sich bereits ankündigte, wird man diese große Verantwortung sehr bedrückend empfinden. Unser Hinweis für sie ist: Distanzieren Sie sich so viel wie möglich von dem gewohnten Tun und Lassen der Menschheit, die ohne nachzudenken oder zu begreifen, fortfährt, den Spuren und jenen Vorbildern zu folgen, die sich durch ihr Leben an die Erde binden. Führen Sie Ihre Kinder dadurch, daß Sie viel darüber sprechen, in die Ankunft des neuen Tages ein, der bevorsteht. Ein unermeßliches Verlangen, eine innige Hoffnung und ein unerschütterlicher Glaube werden Ihnen dabei sehr helfen. Und fügen Sie sich, falls Sie noch nicht in wahrhaftigem Sinn zu ihr gehören, jetzt schnellstens zur Gruppe jener, die als die wirklich Festentschlossenen bezeichnet werden, als die wirklich gnostische, priesterliche Schar. Denn auch diese Gruppe wird ganz besonders imstande sein, die Hilfe des Serpentarius und des Cygnus zu empfangen, die beide mit ihrer Strahlungskraft und ihrem Eingreifen zugunsten der gesamten Menschheit Herz und Haupt auf ganz besondere Weise auf die neue Zeit vorbereiten. Wenn die Seele dieser Menschen sich wirklich entwickelt, kann ihr Schlangenfeuer schon durch seine besondere Strahlungskraft als ein wirklicher Führer im Leben, ein sehr magischer Führer mit einem äußerst starken Einfluß wirken. Nur für jene, welche die

große Bedeutung des Besitzes dieses Führers erkennen können, wird er alles überwinden.
 Er ist der Vorläufer, der Vorbote des neuen, wahren Merkur-Stabes, des Stabes, der alle und alles besiegt, des Stabes, den wir für Sie alle erbitten.

Epilog

Sie, die aus der Geist-Seele leben,
in dem strahlenden Leuchten gehen,
die sich auf den Weg begeben,
um den Pilgern beizustehen;
ihnen alle Hilfe schenken,
nach der so verlangt ihr Herz,
bei dem mühevollen Streben,
voller Seelenpein und Schmerz,
sie umhüllen alle Sucher
mit der Gnosis' Lichtgewand,
das zweifach feurig brennend,
die eine Wahrheit ganz umspannt.
Das siebenfache Licht erleben
ist die große Liebeskraft,
heißt, das Schwert des Geistes finden,
das des wahren Suchers harrt. Amen.

Schluß-Segen

Gott ist Liebe. Und wer in der Liebe bleibt, bleibt in Gott und Gott in ihm. Brüder und Schwestern, die Gnade, die Liebe und die Kraft unseres Herrn Christus-Jesus komme über Sie alle und sei mit Ihnen allen! Amen.

AUSGABEN DER ROZEKRUIS PERS

WERKE VON J. VAN RIJCKENBORGH

Elementare Philosophie des modernen Rosenkreuzes
Der kommende neue Mensch
Die Gnosis in aktueller Offenbarung
Die ägyptische Urgnosis und ihr Ruf im ewigen Jetzt (I, II, III, IV)
  Erneut verkündet und erklärt anhand der Tabula Smaragdina und des Corpus Hermeticum
Die Geheimnisse der Bruderschaft des Rosenkreuzes
  Esoterische Analyse des geistigen Testaments des Ordens des Rosenkreuzes
1 – **Der Ruf der Bruderschaft des Rosenkreuzes**
  Esoterische Analyse der Fama Fraternitatis R.C.
2 – **Das Bekenntnis der Bruderschaft des Rosenkreuzes**
  Esoterische Analyse der Confessio Fraternitatis R.C.
3/4 – **Die alchimische Hochzeit des Christian Rosenkreuz (I, II)**
  Esoterische Analyse der Chymischen Hochzeit Christiani Rosencreutz Anno 1459
Dei Gloria Intacta
  Das christliche Einweihungsmysterium des heiligen Rosenkreuzes für das neue Zeitalter
Das Mysterium der Seligpreisungen
Das Nykthemeron des Apollonius von Tyana
Das Mysterium von Leben und Tod
Der Keulenmensch
  Ein Aufruf an junge Menschen
Demaskierung
Es gibt keinen leeren Raum
Das universelle Heilmittel
Christianopolis
Das Licht der Welt
  Ausschnitte aus der Bergpredigt
Ein neuer Ruf

WERKE VON CATHAROSE DE PETRI

Transfiguration
Das Siegel der Erneuerung
Sieben Stimmen sprechen
Das goldene Rosenkreuz
Der Dreibund des Lichtes
Briefe
Das lebende Wort

WERKE VON CATHAROSE DE PETRI UND J. VAN RIJCKENBORGH

Die Bruderschaft von Shamballa
Der universelle Pfad
Die große Umwälzung
Die universelle Gnosis
Das neue Zeichen
Die Apokalypse der neuen Zeit
    Aquarius Erneuerungskonferenzen
(1) Das Lichtkleid des neuen Menschen, Bilthoven – 1963
(2) Die Weltbruderschaft des Rosenkreuzes, Calw – 1964
(3) Die mächtigen Zeichen des göttlichen Ratschlusses,
    Bad Münder – 1965
(4) Der befreiende Pfad des Rosenkreuzes, Basel – 1966
(5) Der neue Merkurstab, Toulouse – 1967
Reveille!
    Weckruf zur fundamentalen Lebenserneuerung als Ausweg in einer
    aussichtslosen Zeit
Die chinesische Gnosis
    Kommentare zum Tao Teh King von Lao Tse

WERKE ANDERER AUTOREN

N. Abbestee	– Jugendbibel
Karl von Eckartshausen	– Die Wolke über dem Heiligtum
A. Gadal	– Auf dem Weg zum heiligen Gral
A. Gadal	– Das Erbe der Katharer – Das Druidentum
Mikhail Naimy	– Das Buch des Mirdad
J. Schootemeijer	– Fernsehen als Gefahr für das Individuum

Fernsehen als Instrument der verborgenen Mächte
Der Weg des Rosenkreuzes in unserer Zeit

Rozekruis Pers, Postfach 1307, D 5276 Wiehl, BRD
Rozekruis Pers, Bakenessergracht 5, NL 2011 JS Haarlem, Niederlande
Lectorium Rosicrucianum, Foyer Catharose de Petri, CH 1824 Caux, Schweiz